PANTUFLAS

en el país de las abejas

Pantuflas, una hormiguita de Valle Alelí,

viaja al país de las abejas tras recibir una oportunidad de trabajo. Allí se encuentra con algunos retos culturales y un gran malentendido que casi le cuesta su empleo. A través del entendimiento y la comunicación, Pantuflas resolverá la situación, aprenderá valiosas lecciones y se ganará el respeto de todos, convirtiéndose en un ejemplo de superación y adaptación.

Valores implícitos:

Este libro destaca la importancia de la adaptación, la comunicación efectiva y el perdón. Pantuflas enseña que los malentendidos culturales pueden superarse con empatía y diálogo, y que el apoyo familiar es crucial en momentos difíciles. Un mensaje de superación personal y el valor de mantener siempre una actitud positiva.

EL EQUILIBRIO
DE MORFEO

Pantuflas en el país de las abejas

© del texto: Diana Molina A.
© de las ilustraciones: Malu Orantes
© del diseño y corrección: Equipo BABIDI-BU

© de esta edición:
Editorial BABIDI-BÚ, 2024
Avda. San Francisco Javier, 9, 6ª, 23
Edificio Sevilla 2
41018 - SEVILLA
Tlfn: 912.665.684
info@babidibulibros.com
www.babidibulibros.com

Impreso en España
Primera edición: diciembre, 2024

ISBN: 979-13-87558-33-8
Depósito Legal: SE-2559-2024

Este libro va dedicado con amor a mi familia, amigos y a la comunidad inmigrante trabajadora, ejemplo de resiliencia, que enriquece con su cultura los lugares a donde va.

Un porcentaje de las ventas de este libro está destinado a apoyar la educación de niños con bajos recursos.

Todos tenemos derecho a tener una buena educación para cambiar realidades y mejorar la calidad de vida.

En el Valle Alelí vivía la hormiga Pantuflas. Tenía una familia muy trabajadora: su papá era el carpintero de la hormiga reina; su mamá cultivaba la huerta de casa, y él vendía los productos de la huerta en el mercado de la plaza. Su hermana le ayudaba a veces, y el abuelo Roro..., bueno, él era viejito y se limitaba a dormirse en cualquier lado.

Un día, Anita la Cucarroncita pasó por el stand de Pantuflas:

—Escuché que en el país de las abejas han abierto una nueva plaza. El dueño está buscando insectos para trabajar en los stands, y he pensado en ti —le dijo—. Eres muy amable con todos los que venimos a comprar aquí. ¡Parece una buena oportunidad!

Esa tarde, Pantuflas tomó prestada la maleta de su abuelo Roro, empacó su ropa, la foto de su familia, unos snacks para el camino y emprendió su viaje al país de las abejas.

Este lugar era muy diferente al Valle Alelí; había edificios que llegaban hasta el cielo y buses de dos pisos.

Caminó un buen rato hasta que encontró un pequeño hotel para quedarse, y desde allí, llamó a la oficina de la plaza. La abeja del otro lado del teléfono sabía el idioma de las hormigas. Le dijo que podía empezar a trabajar al siguiente día.

¡Iba a ser vendedor en uno de los stands!

Al llegar a la plaza, vio que era enooorme. Estaba llena de stands con frutas y verduras que nunca había visto.

«Si mi mamá viera estas frutas rojas, seguro haría una rica tarta con ellas», pensaba.

—Perdone, señora abeja. ¿Me sabe decir qué son esos frutos rojos?

La señora dijo algo, pero esto fue lo que entendió Pantuflas: «Zzzzwezewee».

Entonces se dio cuenta de que las abejas que vivían allí hablaban un idioma diferente y que muy pocas entendían el idioma de las hormigas.

Durante el día, Pantuflas vendía calabazas, tomates y algunas frutas de temporada en uno de los stands, y en las noches se ponía a estudiar para aprender a comunicarse mejor con los insectos del mercado.

Los días pasaban y Pantuflas se sentía cada vez más a gusto en su nuevo trabajo.

Había hecho nuevos amigos y poco a poco empezó a hablar el idioma del lugar. Todo estaba marchando de maravilla: su stand era el que más vendía y, gracias a su amabilidad, los insectos que iban a comprar le habían tomado mucho cariño.

Un día llegó a su stand la esposa del señor Abejorro.
Quería comprarle unos tomates.

—Buenos días, se ve usted adorable, señora —dijo
Pantuflas con una sonrisa.

—¿Adorable? ¿Usted ha dicho A-DO-RA-BLE? —contestó.

Y se marchó enojada.

Minutos después, Pantuflas recibió una llamada de la oficina diciéndole que la señora Abejorra había puesto una queja porque él la había llamado «adorable».

Horas más tarde, Pantuflas estaba en la sala de espera de la oficina.

—Puede irse a su casa. Vamos a empezar una investigación por lo que hizo y le llamaremos —le dijo la abeja secretaria.

—Pero no entiendo, solo usé la palabra «adorable» —dijo la hormiga.

—¡Oh! ¿Adorable? ¡Mmm…! —contestó la secretaria—. Varios insectos se han ofendido por lo que usted ha dicho.

Triste y sin saber qué hacer, Pantuflas se marchó, preguntándose qué había hecho de malo. No comprendía a los insectos de ese lugar.

Mientras tanto, la queja llegó a los oídos del dueño. Este convocó a varias abejas, abejorros y avispones en el mercado de la plaza.

—¡Nos ha ofendido con sus palabras! —dijo.

—No debe estar más aquí —respondió uno de los vendedores.

—Yo estoy de acuerdo —dijo otro.

—¿Cómo se le ocurre llamar «adorable» a una clienta?

Al final del día, Pantuflas recibió una llamada de la secretaria a su casa:

—Puede pasar a por sus cosas en el mercado; ya no lo necesitamos.

—Pero ¿por qué? —preguntó Pantuflas—. ¡No entiendo!

Pantuflas fue a la plaza y trató de hablar con sus compañeros, pero nadie le escuchaba.

Pasaron los días y Pantuflas se sentía triste. Dormía poco y solo pensaba en lo que le había sucedido. Llamó a su mamá, que le dijo:

—Hijo, vuelve a casa. Aquí también tendrás trabajo y, lo más importante, el apoyo y amor de tu familia.

Decidido, fue a comprar el boleto de avión para regresar a su hogar. Al llegar a la taquilla, le atendió otra hormiga.

—Hola, me llamo José —le dijo.

—Hola, yo soy Pantuflas. ¡Anda, si tú también eres una hormiga!

—Pues claro, es que nací en Valle Alelí.

—Pues voy a regresar a casa; no entiendo a los insectos de este lugar.

—¿Por qué?

Pantuflas le contó su historia y lo confundido que estaba.

—¿Cuál fue la palabra que usaste cuando hablaste con la señora Abejorra?

—Adorable —dijo Pantuflas.

—¡No! Dime que no lo dijiste.

—¡Ah! Sí lo hice.

—¿Adorable? —dijo José—. En Valle Alelí, de donde venimos tú y yo, esa palabra significa «bonito y agradable»; aquí, en el país de las abejas, es una ofensa que significa abeja fea y de mal olor. Con razón se sintió ofendida la señora Abejorra.

Entonces, José le hizo una propuesta.

Siguiendo las instrucciones de José, Pantuflas regresó valientemente al mercado y tocó la puerta de la oficina.

Sus piernas le temblaban, su corazón latía rápido y algunos insectos lo miraban murmurando…

—¿Qué hace este aquí?

—Pensaba que se había vuelto a su país.

La secretaria abrió la puerta y Pantuflas le pidió que le dejara hablar con el dueño. Después de mucha insistencia, la secretaria lo dejó entrar.

Caminó hasta el escritorio del dueño y le dijo:

—Perdón, señor, por la confusión. No sabía que la palabra «adorable» era una ofensa aquí; en mi país significa «bonito y agradable».

—¡Oh! ¿De verdad? Me parece bien que nos lo hayas contado, Pantuflas. Creo que me apresuré a juzgarlo. Llamaré a la señora Abejorra y seguro que entenderá. Mañana puede volver a trabajar en su stand.

Al cabo de unas semanas, el dueño convocó una nueva reunión en el mercado:

—A partir de hoy, Pantuflas será el coordinador de la plaza; todo lo ocurrido fue solo una confusión. Además, en el tiempo que estuvo aquí, las ventas aumentaron.

—Los clientes lo extrañan, aquí siempre vienen a preguntar por él —respondió uno de los vendedores.

—Y nosotros también lo echamos de menos —dijo otro.

—Sí, queremos que vuelva —añadió otro.

—Gracias, compañeros —dijo Pantuflas—. Son ustedes adorabl… ¡estupendos!

Felices, sus compañeros lo abrazaron y celebraron su regreso.

Pasaron los días. Era una hermosa mañana y Pantuflas estaba preparándose para abrir su stand, cuando se le acercó una de sus clientas a preguntarle:

—¿No te da rabia volver aquí después de lo que te hicieron?

Y Pantuflas le respondió:

—Estuve un poco triste al principio, hasta que entendí que esta situación es una lección más. Ya no tiene importancia, solo fue una confusión. También aprendí que, si tengo alguna duda, es mejor preguntar en lugar de hacer suposiciones.

—¡Qué bueno! ¿Y aprendiste algo más?

—Sí, que cuando se trabaja de la mejor manera, tarde o temprano llega la recompensa.

Y así, Pantuflas siguió trabajando feliz en el mercado, dando siempre lo mejor de sí: un trato amable a las abejas del lugar.

EL VIAJE DE PANTUFLAS:

• A veces, lo que decimos o hacemos puede ser entendido de forma diferente por otras personas. Esto nos enseña la importancia de conocer y respetar las diferencias de los demás. ¿Has vivido alguna vez un malentendido por diferencias culturales o de lenguaje? ¿Cómo lo resolviste?

• Pantuflas enfrentó muchos retos, pero nunca se dio por vencido. Su historia nos anima a seguir adelante, incluso cuando las cosas parecen difíciles. ¿Recuerdas algún momento en que tuviste que perseverar para alcanzar la meta?

UN CAMINO AL CORAZÓN

• El valor de la comunicación y la empatía queda claro en la aventura de Pantuflas. A veces, todo lo que se necesita para solucionar un problema es hablar y escuchar. ¿Alguna vez has solucionado un conflicto hablando abiertamente sobre él?

• Perdonar y aprender de nuestros errores es fundamental. Pantuflas eligió perdonar y ver el malentendido como una lección de vida. ¿Has aprendido algo importante de un error que cometiste?

Cada día nos ofrece nuevas lecciones y oportunidades para crecer, al igual que Pantuflas. Mantén siempre el corazón y la mente abiertos para aprender de las experiencias que la vida te brinda.